DE RYONS

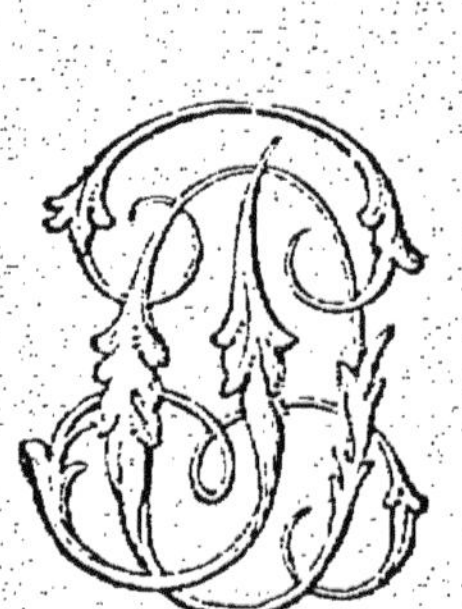

PARIS

PAUL OLLENDORFF, ÉDITEUR

28 *bis*, RUE DE RICHELIEU, 28 *bis*

1897

La Femme

DE RYONS

La Femme

PARIS

PAUL OLLENDORFF, ÉDITEUR

28 *bis*, RUE DE RICHELIEU, 28 *bis*

—

1897

LA FEMME

Le rôle de la femme prend depuis quelques années une extension considérable. Les esprits éclairés se préoccupent de cette transformation et se demandent ce qui en sortira ; l'influence sera-t-elle heureuse ou néfaste pour notre état social. La femme fera-t-elle bon usage de son indépendance ? Elle est à la période des vagissements, car on ne peut supposer qu'elle circonscrive ses ambitions à conquérir des diplômes universitaires ou à disputer des records de bicyclettes. Se rend-elle compte de la grandeur de ses destinées ?

Comme les nègres qui, au début, ignorent

la réglementation des mouvements qu'exigent d'eux les peuples civilisés, elles battent l'air et ne savent comment prendre leur essor.

Volontiers à toute interrogation elles opposeraient le mot, à elles prêté, par un spirituel académicien, au « Que veux-tu? » de l'homme, elles répondraient l'éternel : « Je ne sais pas. »

Il y aurait naïveté à s'en étonner.

La femme, délivrée par le christianisme des hontes de l'esclavage, est retombée sous la servitude morale de l'homme. Tandis que celui-ci, dépouillant ses rudesses, policait son esprit, affinait son intelligence, voulait tout sonder, tout étreindre, et assouvissait sa soif de connaître, il laissait auprès de lui sa compagne enchevêtrée au milieu des errements du moyen âge. Si elle arrive aujourd'hui à réclamer sa place au soleil, c'est par la force des choses ; elle subit l'évolution de l'esprit

humain, mais ses aspirations, qui pèseront
d'un poids considérable dans les sociétés mo-
dernes, elle les dirige à peine et ne sait point
les formuler.

Et d'abord le pourrait-elle ? depuis des
siècles, au joug elle oppose la duplicité. Avec
cette arme, elle dupe, berne et domine son
tyran dont l'aveuglement accepte l'invrai-
semblable pourvu qu'il se croie obéi. Impi-
toyable envers une sincérité blessant ses préjugés, il tend d'âge en âge un front docile à
l'hypocrite.

A ce jeu adroit autant que nécessaire, le
caractère de la femme s'est déprimé. Rendue comédienne à cause de sa faiblesse, la dis-
simulation fait partie inhérente de sa manière d'être, mentant dans ses rires et ses
pleurs, ses paroles et ses sensations, elle
n'est vraie avec personne excepté avec elle-
même.

Est-elle bien coupable? Non, elle fait ce que son intérêt lui commande, s'efforce de paraître ce qu'on lui demande d'être. Donnant les apparences, elle garde par devers elle les réalités : de là procèdent les désastres, l'étude qu'on lui permet le moins étant la sienne propre, il lui serait superflu d'avoir une opinion ; on lui imputerait à crime de l'exprimer.

Elle est habile quand elle répond : « Je ne sais pas. »

A cette duplicité qui flatte les penchants masculins, il n'y aurait, puisqu'il est prouvé que la femme en tire profit, rien à redire si elle ne maintenait un malentendu social dont le danger croît avec les progrès de la civilisation.

Le masque n'empêche point les réalités ; derrière la façade de convention où l'homme force la femme à se retrancher s'amoncèlent les orages.

Voyant son compagnon élargir chaque jour sa sphère et poursuivre la conquête des libertés absolues, la contagion l'envahit; elle s'élance à sa suite.

La première de ses revendications concerne l'égalité avec son seigneur et maître. Égalité physique et morale.

Ce rêve sera-t-il chimérique?

L'homme est intéressé à ce qu'il se réalise, non sous forme d'égalité, mais d'union. Déjà il admet la femme comme camarade et s'en trouve bien; ce n'est qu'un côté secondaire, la femme nous l'oublions trop, tient entre ses mains, par l'éducation des enfants, l'avenir de la société.

Il ne suffit point pour remplir de concert une semblable tâche d'être partenaires, il faut devenir amis : amitié implique parité complète.

Céder à des exigences visant des sports ou

même des études serait singulièrement rétré-
cir la question, d'autant que ce sont là des
empiètements plutôt que des réformes.

L'homme qui a si longtemps légiféré sur
sa compagne — dont il ignore la nature, et a
réglé son sort — sans s'enquérir de ses besoins, l'homme doit rompre avec la routine.

L'heure est venue pour lui d'apprendre des
choses dont il ne voulait pas se *rendre compte*
sous peine d'être jeté dans des difficultés
inextricables par cette poussée d'indépendance féminine qui, dévoyée, constitue un
péril.

Est-ce à prétendre que la tribune doive
s'ouvrir aux revendications de la femme ?
L'usage qu'elle en a fait jusqu'ici ne permet
pas d'y penser de longtemps.

Les harangues n'ont rien à voir avec ce
qu'il convient de modifier : les plus éloquentes
ne diraient rien.

Le devoir de l'homme est d'intervenir individuellement — et avant tout d'examiner, de s'informer sans illusion et avec l'intention d'y voir clair.

En esprit de bonté, de justice — d'intelligence également, puisqu'il en bénéficiera, il faut qu'il aide sa compagne. Ceux que la tâche laisseraient indifférents la doivent tenter dans l'intérêt des enfants.

Le souffle de pitié, qui de nos jours règne si puissamment qu'il parvient à fondre les égoïsmes, n'atteindra-t-il point celle à laquelle l'homme est redevable de ses joies les plus exquises ?

Lui refusera-t-il l'appui de son expérience lorsqu'il connaîtra ses souffrances ?

Voici la difficulté capitale : les saura-t-il jamais ?

Comment les apprendre ?

Il faudrait que la femme parlât : elle se

tait. D'où vient ce silence si opposé à sa loquacité habituelle ? Elle n'ose.

Étant, bien que l'homme ne semble point s'en douter, un composé de chair et d'os, le premier sujet à traiter serait celui de ses besoins physiques.

Ce n'est pas la pudeur qui la rend muette, mais la crainte. Folies, dévergondages, ainsi seraient accueillies ses confidences. Après les avoir qualifiées d'hystériques, terme dont la plupart hormis les médecins ignorent le sens, les hommes croiraient témoigner une grande indulgence envers ces imprudentes en les traitant de malades.

Affronter injures et mépris demanderait un courage moral exceptionnel. Nos concitoyens font preuve à cet égard d'un tel dénuement qu'ils auraient quelque mauvaise grâce à reprocher au sexe faible d'en manquer.

La commisération pour des souffrances

cachées jointe à la certitude de malheurs à conjurer pourraient décider à dévoiler la plaie, mais le souci du prochain est rare — même chez les femmes.

Elles n'aiment point s'entendre conspuer : il est plus simple de laisser les Françaises s'embarquer pour Lesbos.

———

CHAPITRE II

La chose fondamentale que l'homme exige de la femme c'est la vertu.

Il a raison parce que la fidélité ou vertu représente la base de la famille, seulement il s'arrange de manière à la rendre impossible.

Se substituant à Dieu il a créé une femme à sa fantaisie ; il en a fait un être immatériel, une sorte de pur esprit, dont il supprime les attaches physiques.

Il ne lui concède que les faiblesses qui la placent sous sa dépendance, les travers qui l'amoindrissent, en un mot il l'a composée ainsi qu'il lui était commode qu'elle fût.

Comme tout ce qui excède l'effort humain
la conception ne manque pas de poésie, ce
serait merveille de la transposer dans la vie
réelle, malheureusement le fabricateur a
oublié que la femme possède un corps.

Ce fâcheux obstacle contrecarre l'exercice
des perfections. Certes, à ce corps féminin
l'homme donne à boire et à manger, il le
laisse dormir, le vêt souvent mieux que ses
ressources ne le lui permettent : sa perspica-
cité ne s'étend point au delà.

Jamais il ne s'est préoccupé du sujet essentiel à savoir le côté physiologique.

La question prend une acuité intense.

La licence, résultat de l'émancipation y con-
tribue, mais c'est la constatation d'un fait non
un nouvel état de choses.

Les femmes de l'antiquité aussi bien que
les châtelaines du moyen âge, les Grecques
et les Romaines tout comme les spirituelles

causeuses de nos siècles littéraires, ont payé leur tribut à dame Nature.

Le despotisme du seigneur, l'obligation des pratiques religieuses amenaient à des soins de mystère qu'on s'est plu à définir l'hommage rendu par le vice à la vertu et qui étaient plutôt le souci de l'existence ou de la situation, le fond restant identique.

Le page remplissait l'office du paladin, les belles marquises de la cour ne dédaignaient point les services de leurs laquais.

Descendantes de haute lignée et bourgeoises, financières et filles de rien se sont toujours trouvées sur le pied d'égalité devant la loi naturelle.

Il y a peut-être même en ce moment un léger temps d'arrêt parmi les classes riches devenues à leur tour classes élevées.

Un conseiller peu scrupuleux disant à une de nos contemporaines qui professe le mépris des hommes et avec quelque motif doute de l'amour tout en reconnaissant le plaisir :

« Eh bien méprisez-les... et sonnez votre valet de pied », s'entendait répondre :

« Je ne suis pas assez grande dame pour cela. »

Une retenue existe qui n'avait point cours au siècle dernier ; on se commet moins d'ouverte façon.

Celles qui se pratiquent à la dérobée ne valent guère mieux, il est urgent de réagir.

La femme hésite encore.

A peine dégagée de ses entraves, elle s'amuse à pasticher les travaux intellectuels et les exercices violents de l'homme : ce goût passera.

Bientôt ayant épuisé l'attrait de la nouveauté, elle demandera davantage ; aux moyens transitoires succèderont les réalités.

Dieu veuille que ce ne soit pas le réalisme.

Ne craignant plus l'enfer puisqu'on supprime
l'enseignement religieux de son éducation et
que les milieux où on le conserve laissent
pénétrer l'esprit de libre examen, accoutumée
à une familiarité qui supprime l'embarras de
ses rapports avec les hommes elle s'éveillera,
si elle ne trouve ce qu'elle cherche en une
sorte de demi-sommeil : cynique.

Mettra-t-on en avant ses nerfs? Depuis
assez longtemps on en parle pour les prendre
enfin en considération. Femme nerveuse,
existe-t-il un terme plus répandu? Il sert à
classer la majeure partie des misères féminines auxquelles la science demeure impuissante à porter remède.

La femme nerveuse est simplement la femme
inassouvie.

Les deux tiers se trouvant dans ce cas, le
principe de leurs maladies possède ce point
de départ qui aboutit au détraquage moral.

Conséquence funeste digne à elle seule de retenir l'attention.

Les médecins paraîtraient la catégorie la mieux en mesure d'élucider la question : ils la prennent à rebours. N'envisageant que le côté technique, le livre ouvert devant leurs yeux ne leur apprend rien : ils le lisent à l'envers.

Le vice originel les poursuit. Préjugés, ignorance, idées reçues ne seraient point pour entraver leurs recherches, les thèses hardies les séduisent, ils sont impudiques par état, quoiqu'il en soit, ils demeurent des hommes.

Matérialistes ramenant tout au jeu des organes, athées supprimant l'âme et réduisant l'être à des fonctions ils ont en vain hypnotisé, scalpé, fouillé. La machine humaine a eu beau leur livrer des secrets, jamais ils ne devinèrent celui d'Ève.

Malgré la science et sa rupture avec le

passé, ils acceptent la légende de la femme telle qu'elle se lègue de génération à génération, parce qu'elle correspond le mieux à l'égoïsme masculin qui l'inventa. Avant d'être disciple d'Esculape, ils sont pères, époux, amants. La négation du besoin chez la femme est le meilleur moyen de se dispenser de le satisfaire, surtout — mirifique élucubration de la vanité de l'homme — garant de fidélité.

D'aucuns estiment qu'il en est de plus sûrs.

Faute de les adopter, la famille périra.

Qu'est la femme moderne ?

Une rivale qui s'émancipe, contrebalance l'autorité de l'homme, lui dispute ses prérogatives en attendant qu'elle les lui arrache, secoue le frein religieux, s'immisce dans la solution du problème social et ce faisant est elle-même toujours à faux.

Les nerfs la dominent, leur perturbation

trouble son jugement. Pondérée, la femme obtiendrait d'excellents résultats : ils sont les détestables fruits de l'excitation.

L'intérêt de l'homme est de lui procurer le calme ; il le peut, car c'est lui qui en fait une agitée.

Depuis la création du monde il combine lois, mœurs, coutumes, pour la rendre névropathe. Elle l'est : il faut la guérir. Ce jour-là, une précieuse alliée lui sera acquise.

Au lieu de nier la loi physique qui la régit et qui, pour être perpétuellement violée, engendre les désordres organiques, il l'aidera à découvrir d'où vient son mal si elle ne le sait définir. Longtemps il la traita de créature pervertie lorsque ce trouble se trahissait, désormais il lui demandera : « Qu'as-tu ? »

Sa tendresse rassurera la femme ; quand elle cessera de se méfier, le remède sera vite trouvé.

Laissant aux spécialistes les expériences qui relèvent de la médecine, chacun a le pouvoir d'essayer celle-ci en son particulier.

Nous ne parlons point de cas traités à la Salpétrière, mais de femmes bien portantes. Nos préoccupations ne portent pas sur les nymphomanes : ce sont des mères de nos enfants que nous nous occupons ici.

L'homme, afin de colorer son égoïsme, élève la question.

Il inculque à la femme que Dieu lui interdit la satisfaction de ses sens.

Pourquoi alors les lui aurait-il donnés ?

L'orthodoxie admet que pour l'homme le plaisir ait été attaché à la génération, de manière à l'entraîner à procréer. Chez la femme ce plaisir est souvent nul, donc point nécessaire à la reproduction de l'espèce.

La femme joue un rôle passif, répond-on ; d'accord, mais la sensation est-elle négative?

Telle femme qui a eu nombre d'enfants avec un homme sans la ressentir, l'éprouve violemment avec un autre.

Différence de procédés probablement.

Dès l'instant où les sens ne concourent point chez la femme à la génération, Dieu, qui ne fit pas un grain de sable inutile, l'aurait douée de facultés superflues. Il lui aurait donné des sensibilités d'une puissance extraordinaire uniquement pour les laisser perdre ?

L'homme hardi, prétendant toujours sonder les célestes desseins, dit à sa compagne :

« C'est pour t'apprendre la mortification et par le combat incessant contre le plus intime de toi-même, te faire racheter le péché de la première mère. »

Il serait sincère d'ajouter :

« De la sorte moi, chef de famille, je n'ai pas à m'inquiéter de te pourvoir d'un époux, mari ou amant, que je te refuse ou te prodigue mes caresses, à songer à toi. Dans la sérénité de mon subjectivisme, je suis satisfait, Dieu le père l'est aussi. »

Plus légitime paraît-il de croire que le Dieu de justice réservant à la femme les douloureuses épreuves de la maternité voulut laisser luire en elle le rayon d'amour et ne le rendant pas indispensable à sa fécondation, le lui a donné pour lui-même cet amour qui idéalise, transfigure, prête à la faiblesse une force prodigieuse.

L'homme fol le repousse.

Lorsqu'il aime lui il ne pense qu'à ce qu'il éprouve, non à ce qu'il inspire. Ainsi néglige-t-il les trésors que lui apporterait celle dont la reconnaissance se traduit par la soif de dévouement.

La femme obéit à qui l'aime, dupe quiconque l'opprime: à méconnaître cette vérité l'homme gaspille son bonheur, c'est une part de sa punition.

Objectera-t-on la sévère doctrine enseignant que le but du corps est de demeurer astreint à la douleur et macéré jusqu'aux limites déterminant la mort, confins où il faut s'arrêter le suicide étant défendu, mais ceci résume une conception religieuse concernant une infime minorité.

Les ordres monastiques qui la réalisent ne partagent point l'humanité en deux ; il n'y a pas plaisir pour le moine, privation pour la religieuse. Ils sont égaux devant le sacrifice accepté par eux volontairement.

Respectons leurs vertus et n'en faisons point des arguments à l'appui de nos calculs intéressés.

Tous les hommes afin de soutenir leur opinion (se donnent-il le souci d'en avoir une), n'appellent point à la rescousse les sentiments religieux quoique les moins croyants se montrent scrupuleux dès qu'il s'agit des prohibitions imposées à la femme par l'Église.

La masse décrète : « La femme n'a pas de sens », les malins, tentés de septicisme : « son cerveau réside dans sa matrice ».

Ceux-ci confondant les exceptions avec la règle de même qu'ils pourraient contester la virilité parce qu'il se rencontre nombre d'hommes impuissants, ceux-là éclaircissant brutalement la situation, aboutissent, par des moyens contradictoires, à une solution identique :

Ne point s'en occuper.

De là étonnement naïf des premiers quand il leur faut dûment constater au profit d'autrui l'existence de ces sens qu'ils nient, indignation virulente des seconds subissant les chocs d'un organe dont ils reconnaissent l'importance et se refusent à ménager les rouages.

Personne ne comprend-il donc le problème ? Si, et au grand avantage des habiles qui le résolvent, car la plupart des malheurs ou mésaventures, lots de leurs semblables, leur est épargnée.

Malheureusement ce sont généralement des célibataires. Certains, guidés par l'intérêt, devinent la nécessité de satisfaire la femme afin de se l'attacher, les meilleurs trouvent leur plaisir doublé par le sien.

Le fait reste à leur honneur, mais perd sa portée à demeurer circonscrit à leur catégorie ; la cause qui intéresse surtout par ses effets se réduit à des questions de personnes tandis que dans le mariage elle prend ses proportions.

Quel est le sort du couple vivant sur ce malentendu d'ordre primordial ?

L'enfer.

Impérieuse, irritable, énervée, la femme sous l'aiguillon d'un agacement dont elle analyse ou ignore le motif ne connaît point le repos. Elle n'en laisse jamais aux autres. Tantôt violente, tantôt abattue, son humeur change avec une rapidité aussi impossible à prévoir qu'à enrayer.

Oppose-t-on une digue à ses incohérences elle se rattrappe dans ses actes qui tous ont un contre-coup sur la famille ; des caprices d'un jour compromettent des intérêts sacrés. Combien de carrières brisées l'attestent. Le trouble, dont les lancinements surexcitent son système nerveux, la mène à des exagérations de plaisirs mondains que les siens payent moralement et matériellement. Cet exutoire refusé à ses crispations, elle les exerce au foyer domestique ; enfants battus, serviteurs rudoyés en font les frais sans omettre le mari qui sert de tête de Turc.

Ces effets se retrouvent à chaque degré de l'échelle sociale ; ils se manifestent différemment mais leurs conséquences sont partout détestables.

Accuser la femme serait injuste : Il faut la plaindre.

Perpétuellement mal à l'aise en elle-même, elle se remue comme le malade cherchant une position meilleure. Le lui reprocher renouvelle l'erreur commise à propos des nourrissons ; lorsqu'un enfant pleure on dit : « Il est méchant », tandis que ses larmes signifient qu'il souffre. Il ne sait pas dire où, non plus que beaucoup de femmes.

L'instinct finit par indiquer à ces dernières le palliatif : il se nomme l'adultère.

Quelques-uns l'appellent : soupape de la famille ; ne nous hâtons pas de les taxer d'immoralité.

Les constatations judiciaires prouvent que durant la période où elles oublient leurs devoirs conjugaux les épouses ne cessent point de se montrer bonnes mères.

Serait-ce que l'amour maternel demeure tellement ancré au cœur de la femme que rien ne l'en saurait arracher ?

Et les mères abominables ?

La statistique des tribunaux répond par la nomenclature des mégères mariées ou, ce qui revient au même, vivant maritalement.

Les idéologues s'écrient : Le besoin d'aimer conduit seul la femme à la faute ; si abondants sont les trésors de sa tendresse que l'enfant bénéficie d'une part.

Pure phraséologie : ces mères sont douces à l'enfant parce qu'elles échappent à la nécessité de soulager leur malaise sur autrui.

L'adultère est leur calmant.

Prétendre qu'elles pèchent entraînées par

la chaleur de leur cœur, non pas ! elles soulagent ce qui souffre au plus intime d'elles-mêmes. Les sens emportent la tête et, afin d'excuser la chute, on met en avant le cœur qui, les trois quarts du temps, y est étranger.

L'obstination qu'on apporte à confondre le sentiment avec la sensation, n'est point un des moindres malentendus entre les sexes.

Pourquoi ne pas reconnaître le besoin et accorder à la femme le droit aux organes.

L'homme ne le lui concède que lorsqu'elle aime.

Comme tout ce qui est grand l'amour, au sens élevé du mot, est rare, tandis que chaque femme subit la loi de ses nerfs.

Heureusement, faudrait-il ajouter ; car en cherchant à améliorer le mariage, si on avait à lutter chez la femme contre la force que donne la passion vraie, on échouerait d'avance.

L'amour ne ressemble nullement à un

calmant. S'il reste indemne des bassesses de l'adultère, il crée bien d'autres périls.

C'est l'ouragan moral à la puissance duquel rien ne résiste.

Les pays que bouleversent les cyclones présentent d'incomparables effets de nature : peu les traversent, qui se soucierait d'y fixer sa résidence ?

Mieux vaut pour l'homme n'avoir à compter qu'avec l'état physique qu'il traite de question négligeable.

Sa sollicitude n'empêchera point l'amour — ses cas très restreints continueront à se produire ; il peut enrayer l'adultère, dérivatif, c'est possible, mais mauvais, comme tout dérivatif qui se borne à déplacer un mal.

Le moyen se trouve à la disposition de l'époux.

La condition de la femme mariée, depuis les minces couches de la bourgeoisie jusqu'au

sommet rentre, au point de vue qui nous
occupe, dans une des trois catégories sui-
vantes :

Elle épouse un débauché, un homme qui
a vécu, ou un bon sujet honnête et froid.

Le premier, dès l'attrait de la nouveauté
épuisé, la délaisse et retourne à ses maî-
tresses. La femme passe de la virginité au
veuvage, transition fatale pour son système
nerveux.

Le second est fatigué. La monotonie des
plaisirs conjugaux achève d'éteindre son
ardeur qui a duré assez de temps pour déve-
lopper la femme, laquelle s'éveille à la sensation au moment où son initiateur légal
s'endort ; aiguisé demeure l'appétit, cruelle la
diète qu'on lui impose.

Le troisième aussi personnel que les deux
précédents dans ses rapports conjugaux,
apporte souvent en moins l'intelligence. Son

existence régulière repose sur l'absence de tentations ; elles ne lui viennent pas avec le mariage. Zéro placé avant un chiffre, il résout le problème de multiplier tout en restant négation. Sa femme souffre d'autant plus que la consolation de se savoir plainte lui est refusée, car la conduite du mari paraît irréprochable.

Ces trois hommes ont la conscience quiète ; aucun ne songe aux privations qu'il impose à sa moitié.

Un remords vient-il ? C'est au débauché s'il ruine sa femme parce que, ce faisant, il se trouve appauvri lui-même.

N'y aurait-il que des viveurs, des surmenés, des imbéciles ? Loin de là : une foule de jeunes gens sainement élevés, gardant des sentiments religieux, n'ayant gaspillé ni leur santé ni leur cœur, épousent, les aimant, des femmes qui les aiment.

Voilà enfin le bonheur conjugal réalisé.

Ceux-ci possèdent la jeunesse : ils ont la notion du devoir; leurs êtres se fondent l'un dans l'autre; ils ne conçoivent point un plaisir qui ne serait goûté en commun : leur rêve est de s'appartenir toujours. Le jeune mari, charmé par les tendresses féminines dont l'éclosion fut son œuvre, est enlacé, subjugué; la jeune femme amoureuse.

Joyeusement, le foyer domestique s'édifie, ses bases semblent indestructibles, car chacune des pierres représente un souvenir heureux.

Les enfants naissent, mettant le sceau à la félicité conjugale; ravi de sa couvée, le couple s'aime chaque jour davantage.

... Soudain, une voix se fait entendre :

« Tu chéris ta femme, dit-elle à l'époux,
« fort bien, tu élèves courageusement tes
« enfants, mieux encore, rappelle-toi que

« ces considérations sont d'ordre secondaire.

Le but du mariage est de croître et de multiplier ; que jamais la pensée ne te vienne de transgresser la loi de Dieu.

… Cette pensée est venue au jeune homme :

— « Notre tâche est lourde, répond-il, si vous saviez la gravité des responsabilités que créent ces trois, quatre petits qui, en quatre, cinq années, sont arrivés à peupler notre maison. »

— « Qu'importe ! Chaque fois que Dieu voudra donne-leur un frère. »

— « Je suis tout jeune encore, ma femme presqu'une enfant : nous sommes déjà de patriarches. »

— « Dieu bénit les nombreuses familles. »

— « Matériellement, je ne pourrai subvenir à des charges nouvelles. »

— « Dieu donne la pâture aux petits oiseaux… »

— « Mais il ne la donne point aux enfants du xixᵉ siècle ; il décime les races issues des flancs débilités de la femme. »

— « Prétextes ! »

— « Est-ce un prétexte le travail d'enfantement suspendu à l'heure décisive ? les entrailles épuisées par des maternités précipitées tombant en léthargie et la femme se refermant sur l'enfant qu'elle menace d'étouffer ? »

— « Eh ! bien, les forceps le prennent. »

— « Si l'épreuve est trop rude pour la faiblesse de la mère ? »

— « L'enfant du moins vit : il y a un chrétien de plus. »

Le jeune homme s'insurge...

— « Les devoirs paternels t'écrasent ? tu trembles d'exposer les jours de ta femme ? il est un moyen de calmer tes inquiétudes : vivez ensemble, non plus conjugalement, mais fraternellement. »

Le jeune homme proteste, intercède, lutte.

— « Quoi ! me priver de ce que j'ai de plus cher au monde? après avoir institué le mariage vous prétendez me l'interdire. Consentez-moi une halte dans la voie familiale ; après l'étape je saurai mieux où mener les miens. A la longue naîtront d'autres aimés qui seront les bienvenus ainsi que l'ont été leurs frères.

Délassement des fatigues quotidiennes, accordez-moi la douceur du baiser. Au lieu de la considérer comme un fardeau, rançon de mon plaisir, laissez-moi la joie de désirer mon fils...

— « Tu vivras de la sorte en état de péché mortel; non content de risquer ton âme, tu comprometteras le salut éternel de celle à laquelle tu veux épargner de passagères fatigues. »

Troublé au fond de sa conscience plutôt

que convaincu, le jeune homme se soumet.

Alors commence une lutte inénarrable, signal de la désagrégation du ménage.

La jeune femme, déconcertée par la nouveauté du régime fraternel succédant au régime conjugal, souffre au début sans se plaindre, proteste ensuite timidement, puis entame la discussion, s'aigrit, et, pour peu que son tempérament l'y pousse, s'affole.

Voici une névropathe de plus non d'origine, mais de circonstance.

Le dilemne dans lequel l'enferment les scrupules de l'époux est étrangement dur ; ou se priver des effusions permises ou s'exposer à la chute ; ou bien supprimer l'intimité conjugale ou subir le supplice des tentations.

Les sexes se trouvent intervertis : la femme attaque, l'homme résiste.

Ce renversement des situations a un double inconvénient : ôter à la femme son charme essentiel : la pudeur, rendre l'époux grotesque.

Le ridicule tue.

Un épisode — non point un dénouement, celui-ci ne se produit qu'avec la vieillesse — est la naissance d'un enfant.

Cet intermède involontaire a-t-il l'art de rétablir l'équilibre ?

Les naïfs qui jaugent les empressements de l'époux au nombre de ses rejetons peuvent seuls le croire.

Ni temps, ni tendresse ne sont nécessaires pour créer un enfant.

Les femmes délaissées engendrent parfois une nombreuse postérité.

La maternité calme temporairement en ce sens qu'elle fatigue les organes; ce n'est qu'un répit qui a sa réaction nerveuse chez la mère et malheureusement aussi chez le petit être issu de la tourmente.

Après, la femme est mûre pour l'adultère qu'il ne convient d'appeler cette fois, ni soupape de sûreté, ni palliatif, ni dérivatif, mais désastre.

Deux existences étaient faites l'une pour l'autre : il les sépare ; deux cœurs s'aimaient : il les brise ; les résultats fruits de l'union conjugale, il les annihile.

La femme cède parce que l'influence physiologique devient irrésistible : c'est bien vulgaire.

Toutes cependant ne peuvent se transformer en créatures méchantes ou acariâtres : énervée par une privation qui a duré des années, celle-ci est faible.

La responsabilité ne lui revient pas : elle remonte très haut.

Ceux qui promulguent des lois maritales dissolvent la famille en croyant la fortifier.

On pourrait leur appliquer cette parole de saint Augustin :

« L'ignorance du juge est d'ordinaire le malheur de l'innocent. »

Ils attaquent avec une âpreté, ressemblant à de l'envie, l'œuvre de la nature ; ils la condamnent et leur essence leur défend d'en soupçonner les exigences.

Par ouï dire ils prononcent sans appel à propos d'actes sur lesquels pivotent l'humanité et qu'ils doivent ignorer.

Objectera-t-on que ces actes, beaucoup d'entre eux les pratiquent, mais du fait même de leur science, ils perdent l'autorité morale qui leur confère le droit de proscrire.

De vils plaisirs goûtés fougueusement au milieu des affres du parjure n'inculquent pas des notions touchant l'honnêteté du lien conjugal.

Hélas !... les transfuges de la chasteté sacerdotale se montrent parfois directeurs plus éclairés que les ascètes : telle est la leçon de l'expérience.

Dieu veut-il bien ces choses ?

Est-ce exécuter ses préceptes que de les comprendre ainsi ?

L'esprit qui vivifie ne sera-t-il jamais appelé à les reviser.

La lettre tue.

Des objurgations ne sauraient retarder la marche du progrès ; ceux qui le combattent théoriquement le subissent dans la pratique.

Le progrès, dont est-il tant parlé, englobe l'humanité entière et si on veut tirer parti des qualités de la femme au bénéfice général il faut se décider à tenir compte de ses besoins naturels.

Consulté sur le moyen de vivre cent ans un éminent médecin ordonnait entre autres prescriptions :

« Assurer à tous les organes — tous sans exception — l'exercice de leur complet fonctionnement. »

Tous les hommes ne se soucient peut-être point d'aider leur femme à vivre cent ans : tous ont intérêt à ce qu'elle soit calme.

La vie paisible c'est la moitié du bonheur et le commencement de la prospérité.

L'idée, quelque effarouchante qu'elle paraisse, fait son chemin lorsqu'elle se trouve juste.

Le théâtre Français, il y a vingt ans, refusait de prononcer la phrase de la princesse de Bagdad :

« L'enfant ne prouve rien. »

En 1895 pas un des spectateurs du Gymnase ne songeait à se scandaliser ; le soi-disant paradoxe était reconnu vérité.

Nul ne dit déjà plus : Tue-la ; qu'on ose dire : Apaisez-la et ceci rendra inutile : Pardonne-lui.

CHAPITRE III

La femme doit-elle être instruite ?

Il y a intérêt à cultiver son intelligence, mais la prétention de faire de chaque Française une savante, une musicienne ou une artiste constitue une erreur absolue.

Les classes inférieures l'expient ; ayant peuplé les lycées ceux-ci leur renvoient une légion de diplomées auxquelles mathématiques et algèbre ont pour résultat pratique de barrer le chemin de la vie.

La loi de l'offre et de la demande prouve l'inanité du bagage littéraire et scientifique.

Ajournées par l'administration à cause de

l'encombrement, repoussées des pensionnats qui trouvent dix professeurs contre une élève, les malheureuses brevetées pâtissent.

Des études, dont le surmenage trace le programme, les éloignent de l'atelier où elles auraient gagné leur subsistance, du travail à l'aiguille qui les eut empêchées de mourir de faim, de la famille où elles eussent appris le ménage.

A la misère s'ajoute l'amertume de savoir ce qu'elles valent, c'est-à-dire que leurs labeurs méritaient salaire. Sur la foi de promesses fallacieuses elles ont travaillé comme des hommes : le succès obtenu, elles se trouvent plus misérables que les autres femmes.

Il y a là injustice flagrante.

On ne peut leur opposer, ni leurs vices, ni leur paresse, elles sortent d'un étau ; elles ont peiné jusqu'à ce que anémie s'ensuive pour exécuter le contrat passé au seuil de l'adolescence.

Le premier soin de l'État est de ne point remplir les clauses dudit contrat et elles ont dix-huit ans !

Si on suppute les rêves forgés à un âge où l'imagination s'exalte, les amours-propres que surchauffe l'émulation, on aura la mesure du degré de révolte qu'atteignent ces pauvres savantes payant leur science de leur pain, pis encore de leur sens moral faussé grâce à la négation de l'idée religieuse.

Un érudit disait : « Nos fils seront plus « heureux que nous, la fastidieuse grue leur « sera épargnée ; quand ils fréquenteront les « maisons closes ils rencontreront des filles « instruites avec qui causer. »

Serait-ce pour hausser le niveau intellec-tuel de ces maisons que l'Etat-providence ouvre des lycées ?

La bourgeoisie procède avec la même irréflexion. La petite fille prodige est la petite fille de chaque Français.

Dès sa quatrième année on l'envoie au cours; son cartable pesant trop lourd on le lui porte, mais le contenu doit se loger dans sa tête.

Ce contenu contient tout et bien autres choses avec.

Pic de la Mirandole paraîtrait un ignorant auprès de nos jeunes contemporaines. En effet, à leur érudition, elles joignent non pas un art d'agrément, tous les arts d'agréments.

Elles chantent, elles dansent, elles dessinent, elles sculptent, elles jouent du piano, de l'orgue, de la harpe, de la mandoline, de la viole... que sais-je ? elles peignent, émaillent, illustrent, vernissent.

L'énuméré des apports des demoiselles à marier contient ces divers articles.

Par surcroît elles possèdent ce qui se glisse sous silence : la notion du mouvement perpétuel.

Des connaissances si variées ne s'acquièrent point à domicile. Il importe de tant courir afin de se les procurer qu'on ne sait plus s'arrêter.

Il devient impossible de rester chez soi.

Habitude funeste pour le budget des ménages.

Lorsqu'on sort du matin au soir il faut s'occuper à quelque chose ; les passe-temps entraînent des frais. La dépense s'opère de deux sortes : ce qui se prodigue au dehors, ce qui ne se fait pas au logis.

La famille résistera avec peine à cette double déperdition.

La joute aux bons points, à laquelle petite fille elle est dressée, la femme la transplante au milieu de la vie sociale ; elle ne se contente pas d'être bien d'une façon absolue il faut

qu'elle soit mieux que les autres. Cette riva-
lité descend à des vétilles, le désir de s'instruire
ne l'inspirant plus, peut-être par la constatation que ce but fut mal atteint.

Notre femme universelle ne sait rien.

Sous prétexte de l'occuper on la voue au
désœuvrement.

En l'écartant du devoir familial on en fait
une Mme Benoiton dont les courses présentent
nombre d'inconvénients.

Quelque puisse être sa dose d'infatuation
elle remarque vite qu'elle est piètre musicienne, médiocre savante. L'embryon de
science étant un produit factice au lieu du
développement de facultés naturelles elle s'en
dégoute, non sans logique, comme de ce qui
ne rapporte ni honneurs, ni plaisirs.

Ce fatras rejeté, il importe de remplir la
place qu'il tenait ; l'instruction peu judicieuse-
ment dirigée, dépourvue de la base de l'édu-

cation, porte alors des fruits aussi déplora-
bles que pour les élèves des lycées de filles.

Comme ces dernières les bourgeoises ne se
trouvent pas dénuées de ressources, mais
elles sont déclassées à leur manière puisqu'elles ne suivent point leur vraie voie.

La vanité les recueille et les perd.

Ce mot, d'apparence bénigne, ce joli défaut,
est la plaie de la femme Française.

La vanité, mère de tous les vices, engendre
la honte.

Bien qu'elle avilisse le caractère de
l'homme, celui-ci reste mieux défendu parce
que le grotesque dans lequel il tombe
l'oblige à des ménagements. La femme, au
contraire, s'y livre sous le regard bienveillant
de chacun : on lui en fait gloire.

Tout l'encourage à devenir la proie de ce
cancre qui l'embellit et lui dessèche le cœur.

« Ne me parlez pas des femmes, s'écriait un

célèbre couturier : pour une robe elles mar-
cheraient sur leurs enfants.

Cette robe, qu'un jour ou l'autre il faut
payer, mène à la chute vénale.

La femme de moyenne fortune se retrouve
à côté de l'institutrice sans élèves dans la
même maison close dont il est parlé plus haut,
seulement elle n'y est point pensionnaire,
elle touche son cachet.

Comme le littérateur, les financiers pourraient dire :

« Nos fils auront bientôt telle femme du
monde qui leur conviendra, il ne s'agit que
d'y mettre le prix. »

Beaucoup l'y mettent ce prix en des mar-
chés débattus les intéressés savent bien où.
L'un va chercher le piment de remords, plus
ou moins hypocrites, l'autre le solde d'une
facture.

Il faut que tout le monde vive dit le proverbe ; il est aussi exact de dire : Il faut que toutes les femmes s'habillent, des petites aux grandes ; les grandes mieux même que les petites.

Les exigences croissant tandis que les fortunes diminuent, le niveau social de la femme en ces tristes rendez-vous hausse, hausse... jusqu'à ne pouvoir hausser plus haut.

Calomnies, substitution de personnes, truquages, ressemblances exploitées ! s'écrient les protestataires qui toujours sont des maris.

Si ces propos les rassurent touchant l'origine des ressources budgétaires de leurs femmes, félicitons-les d'une incrédulité, sauvegarde de la tranquillité de leur ménage. Ne les chicanons pas davantage sur le local où se consomme le marché. Le lieu ajoute à l'infamie, mais le boudoir ou la garçonnière ne modifie point l'immoralité de l'acte.

Compter sur la discrétion de ceux qui payent les toilettes serait oublier leur mobile déterminant : la possession d'une femme de qualité représente pour l'homme, généralement son inférieur dans la hiérarchie mondaine, une conquête de saveur vantarde, elle jette sur lui un lustre qui ne saurait se produire qu'en tant que l'aventure se trouvera ébruitée.

Pourquoi s'indigner ? L'intérêt des parties contractantes n'est-il point la base de tout marché ?

Si on demande en quoi l'instruction est responsable des méfaits de la vanité nous répondrons : parce qu'elle enlève à la femme la notion sérieuse de la vie.

Au lieu de lui inculquer une mission, elle lui souffle un rôle. L'habitude des tréteaux conduit à la déchéance.

Les bienfaits de l'instruction pourraient se

manisfester chez les femmes privilégiées de la fortune ou qu'affinent la naissance. N'ayant point de soucis matériels, abandonnant à d'autres les soins domestiques, elles s'offrent semble-t-il, comme les types prédestinés à la réalisation de l'idéal de la science développant l'intelligence et le cœur.

Jusqu'ici elles ne se distinguent que par un excès de frivolité.

Quelque brillant que soit le vernis artistique dont elles se plaisent à revêtir leurs fêtes il ne recouvre que néant.

Leurs manifestations constituent une exhibition d'artistes, non un hommage à l'art : musique et littérature fournissent les éléments du tournois vaniteux.

Appelons ce tournois, si on veut, luxe de l'esprit, mais luxe exclusivement. Encore gagnerait-il à rester enfermé en des coteries.

L'accès facile des salons a l'inconvénient

de faire du monde une société de toc, comme il faut des applaudissements aux prêtresses de l'art vient par suite la nécessité d'accueillir quiconque reluit.

La foule des brebis de Panurge se rue à ces fêtes et y laisse sa laine.

Les femmes qui éblouissent encourent de ce chef une responsabilité. Si, favorisées par le sort, elles peuvent mettre leur prestige au service de l'art et savourer ses jouissances, elles devraient se rappeler que leur rôle social prime leur rôle intellectuel.

Plus elles fixent l'attention, davantage s'imposerait de se montrer circonspectes; or, il y a imprudence à propager la fièvre des plaisirs. Tel divertissement inoffensif goûté en un cercle déterminé devient pernicieux dès qu'il franchit certaines limites.

Il y aurait pitié de la part de celles à qui les tentations d'argent sont épargnées de les éviter à l'essaim tourbillonnant autour de lumières qui brûlent des ailes de chryso-cale.

Malheureusement les brevets qu'elles ne dédaignent point de disputer à de modestes concurrentes n'ont pas encore appris à la femme née et à la femme riche que leur situation les oblige à songer aux autres : charmeuses elles le furent toujours, sérieuses elles le sont moins que jamais.

A quoi sert l'instruction ? La fille du peuple meurt de faim, la femme du monde se vend, la grande dame tourne à la cabotine. Faut-il y renoncer ?

Ce n'est point d'hier qu'on a dit : « La femme doit avoir des clartés de tout », la vouloir replonger au milieu de ses ténèbres serait rétrograder vers la barbarie, mais il importe d'appliquer ce principe : La femme doit avoir des connaissances *exactes* de tout.

L'échec de l'instruction vient de ce que, sous prétexte d'élargir l'esprit féminin, on n'a poursuivi que la destruction de l'idée religieuse. Les efforts convergeant vers ce but on a jeté les jeunes filles au fond d'un moule identique oubliant que chacune d'entre elles aura une attribution différente : d'un même moule ne peut sortir qu'un seul objet.

Le produit, entre mille (le moule en casse beaucoup), répond-il au désir de l'inventeur fournit la savante, c'est-à-dire un être d'exception et d'une grande ignorance pratiquement parlant. Les savantes subissent la loi qui, sous le rapport d'abstraction des choses usuelles, régit les savants.

L'intelligence de l'époque où nous vivons exigerait que le moule contînt l'empreinte de ce qui est utile à savoir. Une infinité de détails dont elles ne soupçonnent pas un traître mot sont indispensables à chaque

Française pour la raison que fille, femme ou veuve relèvent également du Code.

Toutes possèdent un acte de naissance, combien savent où se le procurer ? Toucher un bon de poste les effare, expédier un mandat arrache cette exclamation à une femme élégante : « Jamais je ne m'en tirerai ! La signature d'un chèque paraît une prérogative du sexe masculin : conseille-t-on de déposer des titres dans une Société de crédit attire la réplique :

« Ah ! pour qu'on me les vole. »

Leurs notions sont à l'avenant touchant la filière administrative et légale. Contributions semble synonyme de saisie : de fait l'incurie amène parfois l'huissier. Si elles héritent, les termes liquidations, hypothèques sonnant comme de l'hébreu, elles signent n'importe quel acte sans le lire. A quoi cela servirait-il ? personne ne leur a expliqué le grimoire qu'on devrait les mettre à même de comprendre du moment qu'il règle leurs situations, aussi défendent-elles leurs intérêts avec une maladresse qui n'a d'égale que leur âpreté.

Facilement elles deviennent de mauvaise foi parce qu'elles se sentent exploitées. Fait digne de remarque la commerçante fraude plus que le commerçant : une boulangère trouve moyen de tricher sur le poids d'un sou de pain.

La vulgarisation du Code inculquerait l'honnêteté aux femmes en les renseignant sur leur droits et devoirs légaux, tandis qu'elles ne savent jamais qu'à peu près les clauses de leur condition.

Un propriétaire, à l'époque des froids semonçait sa locataire coupable d'avoir versé de l'eau dans des tuyaux gelés. Celle-ci se justifiait de son mieux alléguant que personne ne l'avait avertie :

« Mais madame, s'écriait-il d'un ton cour-
roucé, c'est écrit dans le Code du propriétaire ;
tout le monde doit le connaître. »

La dame, qui de sa vie ne posséda le moindre
toit de chaume, eut envie de rire. A la
réflexion elle convint que Monsieur Prud-
homme raisonnait juste.

Un Manuel légal à l'usage des femmes
devrait exister et son étude rendue obligatoire
dans les établissements dépendant du Minis-
tère de l'Instruction publique.

Chaque Française saurait déchiffrer un
acte, procéder aux déclarations requises par la
loi, toucher des coupons, rédiger un bail, etc.

Fille elle se tirerait d'affaire, femme elle
suppléerait au mari absent, empêché, malade ;
veuve elle cesserait de livrer ses intérêts et
ceux de ses enfants au premier venu sous le
prétexte sacramentel :

— « Moi, vous sentez bien je ne peux pas

m'occuper de ça ; je n'y comprends rien. »

Elle y comprendrait quelque chose — à son grand profit.

L'entente conjugale n'en serait point altérée ; qui soutiendrait que les intérêts communs ne forment la base du mariage ?

Y gagnerait aussi la conversation au foyer domestique ; l'époux baillerait moins près de celle dont il recevrait une aide, les fils peseraient mieux les avis maternels, les jeunes filles verraient qu'elles ne sont point des poupées. Beaucoup de maris causent chez eux de leurs affaires, on pourrait même affirmer qu'ils les ressassent, mais la femme qui n'apprend que ce qu'elle entend de leur bouche ne peut répliquer. Le mari poursuit son monologue sans recueillir le bénéfice d'un conseil, la femme s'ennuie en l'écoutant puisqu'il débite des discours quasi inintelligibles.

Discontinuerait-elle de se reposer sur

l'homme d'une foule de soins qui rompent à la pratique des affaires la disparition du chef de la famille ne déterminerait plus les désastres dont sa mort est trop souvent le signal.

Les agents véreux recrutent leur clientèle parmi les filles et les veuves que père et époux ont tenu à l'écart des intérêts matériels.

Épeurées de leur ignorance elles considèrent comme un sauveur le premier qui les renseigne ; leur crédulité livre leur avoir. Combien d'héritages dilapidés de la sorte ! Il ne s'écoule de semaine où la chronique judiciaire n'enregistre des faits probants.

L'appât du gain allèche le sexe faible.

Qui ne se souvient du pâtissier de la place de la Bourse chez lequel un groupe de femmes fort huppées se rassemblaient au moment de l'Union Générale, afin d'être mieux à portée de la coulisse qu'elles accablaient d'ordres. Elles se livrèrent à une spéculation effrénée jusqu'au jour où le krack coupa net leurs huppes.

Les capitaux de la femme courent grand risque de fondre entre ses doigts quand elle cherche à les accroître par le jeu, mais le système économique présent l'oblige à se mettre au courant des questions financières.

Il y a vingt ans une fortune bien assise reposait sur des bases fixes ; il suffisait de laisser ses titres, représentant des valeurs de tout repos, dormir dans un coffre-fort : en 1897 de ce sommeil on se réveillerait sans revenus. La manipulation des portefeuilles s'impose, résultant non point de l'agiotage, mais des transformations qui proviennent des évolutions nationales et des progrès de l'industrie.

Si la femme ne reçoit pas une instruction appropriée, comment exercera-t-elle cette surveillance et arrivera-t-elle à débrouiller le vrai du faux au milieu des placements dont les réclames miroitent?

Faut-il compter sur l'intuition — grâce d'état reçue à point nommé — sur l'appui dévoué, éclairé, journalier — les trois qualités requises — se révélant dès que le père où l'épouse manqueront ?

Quel aléa ! peut-on lui confier ses ressources et celles de ses enfants mineurs que, socialement parlant, on a intérêt à voir prospérer car chacun est solidaire ici-bas et les individualités qui périclitent retombent à la charge de tous.

Ce genre d'études, infiniment moins compliqué que les mathématiques figurant aux programmes officiels, faciliterait également à la femme la gestion de ses immeubles et de ses terres lesquels traversent des crises incessantes.

L'esprit le plus ordinaire suffit à la

tâche pourvu qu'on lui en donne la clef.

Les hommes qui gèrent convenablement leur fortune sont loin d'être des aigles; la femme possède en plus qu'eux le sentiment de l'ordre.

En les préservant du gérant et de l'intermédiaire on les écarterait souvent d'un motif de ruine, toujours de frais dispendieux qui grèvent les revenus.

Le service serait d'essence démocratique.

Il est peu de Françaises qui n'aient quelques valeurs : obligations ou Panama ; un bien à la campagne, une bicoque n'importe où.

L'école primaire élève les commerçantes et aussi les rentières; la fortune mobilière de chacune de nos compatriotes commence à 5 centimes.

Oui 5 centimes, puisqu'elles peuvent coller des timbres dans l'encadrement ménagé sur

les formules dites : Bulletin d'Épargne jusqu'à concurrence d'un franc versement mini-
mum accepté par les Caisses d'Épargne.

Le droit de devenir capitaliste même en
puissance d'époux leur est légalement reconnu ; les livrets sont délivrés sans l'assistance du mari. Dès lors apprenons-leur à
sauvegarder leurs capitaux et le produit mille
fois respectable de leurs salaires, qu'une loi
prochaine va enfin mettre à leur libre disposition.

Insistons sur ce point : ou la femme est
une dissipatrice, cas relativement rare — ou
son économie a quelque propension à l'avidité.

L'instruction doit la prémunir contre cette
tendance.

Une nuée de sociétés à titres ronflants pro-
pose à l'ouvrière d'assurer le bien-être à sa
vieillesse moyennant un faible versement
mensuel. Ne serait-il pas tutélaire d'éclairer

l'écolière — demain apprentie — sur ces Caisses dites de prévoyance dont la prévoyance consiste à donner des fêtes populaires afin d'attirer les fonds et à disparaître raflant l'argent.

Certaines subsistent parce qu'elles spéculent sur l'impossibilité où se trouve l'adhérente de payer régulièrement la cotisation.

Par suite d'un chômage, d'une maladie, la femme se trouve frustrée de ses économies, résultat immoral car il a pour conséquence de la dégoûter de l'épargne.

« Il vaut mieux manger l'argent que le perdre : on a toujours ça », telle est la conclusion courante dans la classe ouvrière.

L'école mettrait l'élève à même de distinguer les entreprises véreuses des sociétés qui offrent des garanties; on prétend bien lui faire juger les formes de gouvernement; ce serait moins délicat, infiniment plus utile.

L'esprit de réflexion y gagnerait, le bon sens naturel chez beaucoup de femmes se développerait grâce à des prémisses.

Ne croit-on pas que le cours à l'usage des jeunes filles du monde rendrait service qui leur enseignerait le but des établissements de Crédit, le mécanisme des Compagnies d'assurances, sans négliger l'énumération des divers modes de contrat de mariage. Sur ce contrat se règlent leur destinée, les apports représentant tout dans le mariage français, les personnalités zéro. Pour la première fois la femme feuillette le Code lorsque le désir de la séparation la hante ou qu'elle cherche à défendre ses enfants contre l'indignité du père.

Dans la deuxième hypothèse elle apprend alors — un peu tard — qu'elle ne peut rien.

« A la question posée autrefois de savoir si

les femmes ont une âme le Code Napoléon a répondu franchement par la négative », dit Charles Sécrétan. Il faut que l'épouse apporte à l'époux sa personne et ses biens sans compensation d'aucune sorte [1].

Qu'est ce déni de justice comparé à celui qui condamne la mère à assister impuissante à la démoralisation de ses fils?

« Les protestations ont beau se multiplier, continue l'écrivain, on ne saurait attendre une réforme sérieuse de ces iniquités aussi longtemps que le vœu des femmes ne pèsera pas dans la balance. Nulle part on n'a vu une classe privilégiée rendre spontanément justice à la classe asservie et le philosophe de Lausanne aboutit à cette conclusion : « Quoi qu'on en dise, les femmes ne seront pas libres aussi longtemps qu'on les tiendra loin du suf-

[1] Civilisation et croyance.

frage quels que puissent être d'ailleurs les attentions et les galanteries du législateur à leur égard. »

Sans revendiquer les droits politiques en faveur de la Française — nous ne la croyons pas mûre pour les exercer — demandons à son bénéfice des droits moraux basés sur l'autorité légale, la seule qui compte vis-à-vis de la loi.

Accordons-lui le pouvoir nécessaire afin de gérer matériellement la famille dont nous l'instituons la gardienne, d'élever ses fils qu'ironiquement on la charge de rendre des hommes en la dépouillant de tout moyen d'action.

Avant l'accomplissement de ces réformes, faisons-lui du moins connaître l'étroitesse de la chaîne entre les anneaux de laquelle doit s'édifier sa vie.

Il paraît inadmissible que notre siècle de

lumières laisse la moitié du genre humain
plongé dans l'ignorance voulue de son sort
légal.

CHAPITRE IV

L'homme a-t-il donc tout à craindre de l'émancipation de la femme ?

Les peuples qui l'appliquent attestent le contraire. Notre pays malgré sa prétention de marcher à la tête de la civilisation est le plus arriéré sous ce rapport et le Parisien, dont la faconde se vante, d'un coup de pied appliqué à la France, de savoir réveiller l'univers, accepte pour compagne un être chez lequel le cerveau se trouve remplacé par une houppe à poudre de riz.

Les Zélandais sont plus exigeants : la loi du 19 septembre 1893 concède aux femmes le droit de suffrage politique. Aux premières élections votèrent 129.792 hommes et 90.290 femmes, d'où il suit que parmi les inscrites (109.461 femmes contre 193.536 hommes) 85 0/0 prirent part au vote tandis que chez les hommes il n'y eut que 67 0/0 de votants. On leur a reproché d'avoir, aux élections générales, assuré le triomphe du parti radical socialiste, mais le parti modéré ne les avait-il pas combattues à outrance ?

Cette victoire n'effraya point l'Australie méridionale; au commencement de 1895, elle a concédé aux femmes les franchises parlementaires, toutefois l'Amérique reste vraiment le berceau de l'action féminine.

Chaque jour elle s'y développe : l'État du Wyoning (États-Unis) a élu Miss Estelle Reel de Cheyenne contre son compétiteur M. Arthur J. Mathews à l'office de ministre de l'Instruction publique par 3.500 voix de majorité; son mandat durera quatre années.

L'État de Colorado envoie trois femmes au parlement, le poste de chef de l'Instruction publique est confié à Mrs Angenette, P. Peavey.

Les haines électorales ne se montrent point féroces. L'attorney général au ministre de la justice de l'État de Montana vient d'épouser son sous-secrétaire d'État, Miss Knowles, la seule femme qui fut admise au barreau de Montana. Le parti démocratique l'avait portée en 1892 candidat aux fonctions d'attorney général. Après une lutte homérique le parti républicain triompha en la personne de M. Haskell : celui-ci trois ans plus tard corrigea le verdict du suffrage universel en épousant Miss Knowles à San Francisco.

Les batailles du scrutin, on le voit, possèdent des compensations.

L'immixion des femmes donne, dans la pratique, les meilleurs résultats : une preuve nous en a été offerte par la nomination de Miss Minnie-Gertrude Kelly à la qualité de secrétaire et sténographe des quartiers généraux de la police de New-York. Les États-Unis n'ont fait en ceci que suivre l'exemple de l'Angleterre et de l'Allemagne, qui confient à des femmes des missions spéciales dans le service des indicateurs, seulement la nomination de Miss Kelly présente le côté flatteur qu'elle eut lieu à la suite des scandales occasionnés par le régime de Tammany contre lequel les femmes s'élevèrent avec véhémence.

Le choix d'une d'entre elles suggéré au chef de la police de New-York, sanctionna la protestation flétrissant le régime corrupteur.

Miss Kelly remplaça deux hommes qu'employaient Tammany, elle reçut un traitement de 1.700 dollars (8500) et la police New-Yorkaise réalisa de ce chef une diminuation annuelle de 6.000 dollars.

Économie et intégrité voilà le bilan de l'ingérence féminine. Aussi plusieurs États de l'Union innovent-ils une organisation de services policiers en créant des fonctions de police matrons, chargées de la mission spéciale de mise en arrestation, départ et garde des délinquantes, poursuivies et condamnées.

Les remarquables études de Th. Bentzon sur la condition de la femme aux États-Unis, nous font admirer la supériorité féminine s'affirmant non seulement près des détenues, mais à l'école, au patronage, près de toutes les œuvres philanthropiques que le désir du bien inspire à des créatures d'élite.

En constatant la sage liberté qui règne au milieu des collèges de jeunes filles, on s'aper-

çoit combien les bonnes mœurs gagnent à
indépendance, celle-ci s'appuie-t-elle sur le
respect de soi-même.

Le sentiment de la responsabilité judicieu-
sement développé, permet l'application du
règlement le plus large ; il ne combat jamais
les aspirations intellectuelles ni ne cherche à
étouffer les affections légitimes. Esprit et cœur
trouvant leur expansion naturelle, se main-
tiennent entre les bornes de la raison.

On voit les Misses aller et venir librement,
entreprendre avec des jeunes gens des pics-
nics à la campagne, les inviter à des lunchs
auxquels le salon du collège prête abri et
arriver aux fins du mariage après une jeunesse studieuse et honnête. Un abîme les
sépare des jeunes filles françaises qu'on
s'entête à enfermer dans un réseau de prude-
ries si ténu, qu'elles ont fatalement des idées
inconvenantes. La démarche la plus insigni-

fiante : aborder dehors un jeune homme qu'elles connaissent, les compromet ; le comble de l'absurde donne à leurs moindres relations avec le sexe masculin des apparences suspectes : on les oblige à penser à mal à force de prêter à tout des allures de péché.

Ce serait un tort de croire que les femmes du nouveau monde, ayant pris l'initiative du mouvement, appartiennent exclusivement, ainsi que dans l'ancien, à la démocratie.

Un des fervents apôtres de l'émancipation, Miss Tennessee Claflin [1], riche américaine, descend de la maison ducale de Hamilton.

A dix-neuf ans, elle commençait une campagne de conférences en faveur des droits de la femme, un peu plus tard, ouvrait à New-York avec sa sœur une banque qui réalisait, au bout de quelques années, un bénéfice de

[1] René Bazin. Terre d'Espagne.

cinq millions de dollars, dirigeait une revue
d'études sociales, écrivait une quinzaine de
volumes, se faisait élire membre du Sénat et,
exclue par un vote des Pères conscrits, leur
intentait un procès retentissant, enfin elle
fondait à ses frais les premiers clubs fémi-
nins destinés à de si hautes fortunes.

Aujourd'hui Miss Claflin, mariée à un
anglais, est devenue lady Cook.

La caractéristique de ces leaders de l'émancipation à outrance, est qu'elles font excel-
lent ménage avec leurs époux.

Th. Bentzon cite un exemple curieux : la
présidente du Comité exécutif de l'Association
pour le suffrage de la femme américaine,
fondé en 1869, Lucy Stowe annonçait des
dispositions conjugales plutôt subversives ;
toute enfant, elle avait résolu d'aller à
l'Université d'Oberlin, apprendre le grec et
l'hébreu, afin d'étudier la Bible dans l'ori-

ginal et découvrir le sens de mots qui la révoltaient.

« Ton désir sera pour ton mari et il règnera sur toi. »

Ayant épousé Henry Blackwell, elle refusa de porter son nom, n'empêche que, quarante années durant, ils offrirent le spectacle de l'union modèle. Henry Blackwell protesta avec elle contre l'iniquité de la loi qui accorde au mari autorité sur la personne, les biens, les enfants de l'épouse. Lucy Stowe possédait une influence extraordinaire dans son pays.

Dès 1847, à sa sortie de l'Université, elle inaugura des conférences, collant elle-même, faute d'argent, ses affiches qui magnétisaient la foule. Ardente partisante de l'abolition de l'esclavage elle eut la joie d'assister au triomphe de ses opinions.

Jusqu'à sa mort, advenue en octobre

1893, elle soutint les droits de la femme.

Nous venons de constater qu'elle ne manqua à aucun de ses devoirs moraux, elle sut faire face aux nécessité matérielles qu'imposent des ressources précaires.

Tandis qu'elle étudiait à l'Université, elle préparait sa cuisine elle-même et subvenait à son entretien — fort modeste si on en juge d'après le logement qui lui coûtait 50 sous par semaine.

Ces existences d'absolu dévouement ne présentent rien qui rappelle la virago, traits sous lesquels le français routinier s'amuse à peindre les femmes plaidant la cause de leur sexe.

Malgré les retardataires et malgré les railleries, l'idée de l'égalité féminine gagne du terrain.

Dernièrement, au mois de juin 1895, le maréchal Martinez Campos signalait son apparition à la Havane et à Santiago de Cuba.

En cherchant à ridiculiser un effort inco-hérent, comme l'est chaque tentative nouvelle on lui a, au contraire, fourni un argument par la reproduction d'une lettre de la Sénora Éva Canel.

« Les femmes des Asturies, écrit celle-ci au journal féministe Cubain, sont entièrement illettrées. Incapables de distinguer un deux d'un quatre, elles possèdent cependant une arithmétique mentale infaillible et conservent dans la mémoire le souvenir de toutes les transactions et affaires concernant la famille. Elles sont les banquiers du foyer et c'est la femme elle-même qui va jusqu'à veiller à la provision de cigares et de tabac de son mari. »

Des dons naturels s'étendant des affaires de banque aux questions de cigares vaudraient la peine d'être cultivés.

Les « Affranchies de Cuba » donnent aux

femmes des Asturies une indication dont pourraient grandement profiter les finances espagnoles si les Sénoras se décidaient à déployer au bénéfice public quelque activité.

La France, réfractaire à l'indépendance féminine, n'est point imitée par l'Europe.

Depuis longtemps le principe traversant les mers s'implante au milieu des pays du Nord.

C'est le Grand Duché de Finlande où il se propage avec le plus d'intensité.

Les femmes participent au commerce, à l'industrie, à l'agriculture, de même qu'elles tiennent nombre d'emplois dans les administrations publiques et privées.

Une d'entre elles remplit les fonctions de caissier-adjoint à la Banque de l'État Finlandais.

L'an dernier, 81 jeunes filles suivaient les cours de l'Université d'Helsingfords. A dater de 1863 pour les communes rurales, de 1873 pour les villes, les femmes furent investies du droit de suffrage administratif.

La loi du 27 novembre 1868 leur reconnut le droit de vote dans l'élection des pasteurs ; elles-mêmes peuvent être élues administratrices des écoles (1869) et membres de l'Assistance publique (1889).

L'an dernier 45 femmes dirigeaient des Workhouses, 125 procédaient à l'administration de la bienfaisance publique.

L'Angleterre ne pouvait se désintéresser d'un mouvement destiné à utiliser au profit de la nation des concours précieux.

L'acte du 5 mars 1894 a créé une nouvelle organisation paroissiale ; il concède le droit électoral non seulement aux filles et aux veuves, mais encore aux femmes mariées inscrites pour une propriété séparée de celle de leur mari, en outre il leur accorde le droit d'éligibilité dans les élections paroissiales.

conseils de province de district, school-boards,
conseils de bienfaisance, boards of guardians ;
symptôme autrement probant la Chambre des
Communes vient d'adopter par 228 contre
157 en seconde lecture le bill accordant aux
femmes le droit de vote dans les élections législatives (février 1897).

CHAPITRE V

La démocratique France où les mots égalité, fraternité décorent le fronton de chaque
monument ne pourra s'obstiner à scinder le
genre humain en deux.

Tout étant à créer au point de vue de la
femme sitôt son système d'éducation modifié,
il sera sage de l'expérimenter en suivant le
même ordre d'idées que l'Angleterre.

Exercer les capacités de la Française au
sein des bureaux de bienfaisance démontrerait
si elles sont suffisantes pour la conduire au
conseil municipal.

La participation au vote dans les élections

du tribunal de commerce, droit qu'elle possède
déjà à l'égard du Conseil des prudhommes,
rétablirait l'équilibre détruit par le sexe
masculin.

N'est-il pas aussi injuste qu'elle ne puisse
défendre les intérêts commerciaux dont elle
court les risques que de l'avoir vue naguère
exclue des délibérations du Conseil municipal
dans les communes où elle représentait la
plus forte imposée ?

L'administration de sa fortune combattrait
les mauvais effets du mariage-marché, tandis
que la possibilité de soustraire les enfants à
la corruption paternelle vaudrait au pays de
bons citoyens de plus.

Voilà des résultats sociaux.

Il faudrait se montrer moins sévère pour
ses défaillances, ayant parfois bien des cir-
constances atténuantes ; est-il rationnel que
ses fautes tenues demi secrètes lui fas-

sent un succès et constatées la déshonore ?

L'indulgence siérait à la morale des deux poids et des deux mesures.

Craint-on que la femme ne cherche l'apothéose, c'est-à-dire l'éligibilité aux assemblées législatives parce que, une fois députée, elle deviendrait rapidement ministre ?

De la disposition de son salaire juste admis en principe à la participation au suffrage universel la marge est vaste. Des générations passeront avant que la réforme se discute.

L'éducation féminine devra être parachevée ; elle est à peine ébauchée.

En tant qu'égalité publique avec l'homme, longtemps encore la Française se contentera des professions libérales. Le nombre des doctoresses, femmes médecins, avocats ira en augmentant ; qui sait ? peut-être verrons-nous la femme académicien. Ces réalités jointes à la perspective de la robe à palmes vertes satisferaient les ambitions nobles ; les carrières réservées à l'élite ne peuvent attirer qu'une minorité.

Un enseignement clair, simple, succint, s'appuyant sur la morale divine, calmerait les imaginations trop ardentes. L'élagage scientifique ne nuira pas plus à l'éclosion des esprits supérieurs que les coupes sombres pratiquées au milieu des arts d'agréments ne priveront d'une musicienne ou d'un peintre remarquable.

Les visées modestes importent pour l'éducation des masses : se proposer, par exemple, en vue des femmes législateurs du vingtième siècle, de rendre nos contemporaines aptes à faire partie d'un jury.

Les études sociales figureraient au programme. Ces thèmes dont on abuse seraient traités non par leur côté rhétorique, mais appliqués à la vie positive : une vraie morale en actions.

Le premier précepte qu'entendrait la petite fille au seuil de l'école : « Ne faites pas aux autres ce que vous ne voudriez pas qu'on vous fît ; » la mènerait, grâce à la progressivité des développements, sinon à l'amour, du moins à la préoccupation du prochain.

Quel progrès vers l'apaisement lorsque ce qui est aujourd'hui du bavardage régirait nos mœurs !

La femme acquerrait une action décisive, socialement parlant.

« Il est difficile de comprendre, dit le cardinal Manning, qu'une mère de famille à la tête de son ménage travaille loin de ses enfants. Le contrat précédent et sacré du mariage s'oppose à tout nouveau contrat d'intérêt qui serait une violation du premier. »

Qui mieux que l'épouse, la mère, la sœur,

l'amie expliquerait à l'homme, la cruauté de
certains contrats qu'il impose uniquement
parce qu'il proportionne aux siennes les forces
de la travailleuse?

A côté de l'appui moral viendrait l'inter-
vention directe.

Prenons un exemple : l'usage de la couture
tombant en désuétude parmi les Françaises
une armée de professionnelles s'occupe à les
parer.

De la millionnaire combinant ses costumes
de perruche à la fille de boutique calculant
l'économie de sa toilette de demoiselle d'honneur, en est-il une qui songe à ses sœurs de
l'atelier qui confectionnent les chiffons de la
fête travestie ou de la noce?

A quelque condition qu'elles appartiennent
les pratiques arrivent à la hâte chez le four-
nisseur, pressent, bousculent, exigent, chan-
gent d'avis, se ravisent, le tout sans donner le

temps normal d'exécuter leurs ordres.

Après avoir commandé trop tard elles viennent essayer à la dernière minute. Il leur faut leur robe — elles l'ont — mais des ouvrières attelées depuis 9 heures du matin à une tâche, coupée de l'heure unique de repos, regagnent à 11 heures du soir, les quartiers excentriques et les trains de banlieue les yeux rougis, les doigts fébriles, l'estomac vide.

Si elles rechignaient devant la besogne pressée, comment vivraient-elles ? Mieux vaut laisser l'estomac crier le soir et pouvoir le lendemain apaiser sa faim.

Elles n'ont pas le choix.

Lettre morte, la loi sur la réglementation du travail ; afin de la tourner, l'ouvrière se met d'accord avec le patron que son bon sens ne rend point responsable. Elle sait que grand faiseur ou couturière à façon subissent également le caprice de la cliente.

Le vêtement livré trop tard en vue d'une cérémonie reste pour compte. Ce serait la ruine du métier.

L'ouvrière pâtit tout bonnement de l'égoïsme des têtes de linottes qui ne veulent pas même prévoir les changements de saison.

C'est cela qu'il faut modifier.

Nul ne prétend dépouiller la femme de ses élégances, mais il convient de l'avertir très nettement que son retard à les préparer coûte la santé à des milliers de créatures.

Quiconque suivit quotidiennement le défilé nocturne des pauvres tire l'aiguille n'est plus tenté de voir dans la coquette empanachée qu'une caricature.

Le devoir social inauguré par les jeunes filles rendrait meilleure la classe nécessiteuse car pour dociles qu'elles soient les ouvrières n'en ont pas moins le fiel au cœur.

A la fabrique, où elles ne relèvent point

comme à l'atelier des fantaisies de la mode, elles sentiraient aussi l'appui moral.

L'exclusion de l'usine entraînant la misère ne saurait être souhaité, pour les mères de famille, mais quel adoucissement si l'employeur tenait compte de leurs aptitudes physiques.

L'éducation sociale préserverait d'autres exagérations.

La charité incarne une admirable vertu, si belle, enseigne l'église, que seule elle subsistera dans le ciel.

Par le fait de sa sublimité, elle n'est point accessible à tous en tant que pratique publique et on la ravale.

Une folie de charité — qui a recours à des procédés peu évangéliques — s'est emparée des femmes du monde.

Donner est bien, donner le mieux possible préférable, mais surtout ne point transformer le don en arme à double tranchant, blessant qui s'en sert, ce qui est en passe de se réaliser depuis qu'on le base sur l'esprit de lucre et de vanité.

Actuellement, la bienfaisance consiste à chercher dans la bourse du prochain ce qu'il n'arrange pas de tirer de la sienne, avec une âpreté cousine germaine de l'étranglement.

L'exercice de cette vertu sert de prétexte à une ostentation dont l'abus devient choquant.

S'il faut tant de franfreluches, de flirts, de jeux à la marchande plus puérils qu'innocents afin de mériter le titre de charitable, on est en droit de demander si d'excellentes intentions n'ont pas dévié.

Peut-être est-il calomnieux d'affirmer que ces moyens sont indispensables pour stimuler la générosité : incontestablement ils excèdent le public.

La logique établit la justesse du raisonnement suivant : dès lors que la charité, sous peine de n'être point fructueuse, induit la femme en dépenses considérables, pourquoi ne point remettre directement aux œuvres les sommes consacrées à l'organisation des fêtes et toilettes pies?

Quel avantage retirent les pauvres du micmac de pièces de cinq à vingt francs transvasées d'une main dans une autre, si bien un échange qu'à quiconque diminue son offrande ou écorne la sienne.

Les bénéfices baisseraient: est-ce sûr?

La méthode employée est d'ordre trop inférieur ; la quêteuse seule perdrait.

Si elle ne détourne point — indélicatesse accidentelle, mais hélas certaine — une part de l'argent à elle confiée, volontiers elle considère son chapeau comme un instrument de propagande et prélève le prix sur la quête. Heureuse celle-ci, qu'à l'instant la de remise des comptes, le désir d'apporter plus qu'une rivale rétablisse l'équilibre de l'addition.

La femme agit-elle avec impeccabilité financière, toujours elle se montre intrigante, indiscrète, provoquante.

Elle tient énormément à ce système, parce qu'il la place en vedette, puis le chapeau se remet. Voilà pourquoi elle répugne à le sacrifier.

L'enseignement du devoir social dénoncera ces mesquineries ; la génération prochaine abandonnera des usages indignes de la bienfaisance. Il n'y aura nul déchet, la femme possède l'intuition du bien ; au reste ne prouve-t-elle point, par sa ligue contre la destruction des petits oiseaux, qu'elle sait au besoin renoncer à ses hochets?

Une autre action méritoire figure à son actif: la campagne entreprise près des Directeurs des Grands Magasins, afin d'accorder aux demoiselles de rayon la liberté de s'asseoir.

Un quart d'heure de répit au cours du supplice des journées passées debout, ceci représente la charité bien comprise, la vraie puisqu'elle constitue la charité du cœur. La bienfaisance n'est que le devoir.

La Française n'a qu'à vouloir pour pouvoir.

Chez les autres nations, les hommes ne dédaignent point de discuter avec les femmes.

Le Ninetenth Century, renfermait, il y a quelques mois, une réponse de Gladstone : à qui adressée ? à Miss Annie Besant [1] autrefois matérialiste — et pis — aujourd'hui spirite et théosophe.

---

[1] Autobiographie. Fruits of phylosophy condamné au criminel-doctrine Malthusienne. Propagande avec Bradlaugh.

Le « great old man » estime que mieux vaut convaincre que bafouer.

L'histoire lui a montré les facultés supérieures de la femme contribuant aux succès de grandes entreprises et des souveraines dirigeant magistralement des empires. Le Français au contraire allègue même les crises passagères de sa compagne pour motiver son infériorité.

Il commet une erreur.

La plupart des femmes ne s'aperçoivent pas de ces crises, presques toutes pourraient échapper à leur contre coup, c'est affaire d'hydrothérapie.

L'air et l'eau, qu'une déplorable tradition dispense si parcimonieusement, leur donneraient l'endurance. Il faudrait très jeunes les habituer à la marche et prohiber le corset-carcan. Respiration difficile, organes déplacés grâce à une compression perpétuelle, voilà l'hygiène de celle que Michelet aurait pu nommer l'éternelle mutilée.

La nature se montre bénigne envers ses filles; la coquetterie détruit leur constitution.

Tout en s'évertuant, au moyen des soins et de l'exercice à procurer à la femme, la santé, bien inestimable pour elle et sa descendance, il n'y a pas lieu, en attendant, d'exagérer les effets de son organisme sur ses actes.

L'homme a aussi ses états nerveux et ses entraînements irréfléchis.

La femme délicate supporte des fatigues dont il serait incapable.

Près des malades on la voit passer des mois consécutifs ne prenant qu'un repos constamment interrompu tandis qu'une veille, n'ayant pour mobile ni le travail ni le plaisir, brise l'homme : l'aurore le trouve anéanti près de ceux qu'il cherche à soigner.

Aux jours douloureux de la vie familiale,

se fait-il scrupule de l'état physique de la femme? Songe-t-il à lui éviter une émotion afin de ménager ses faiblesses passagères ?

Nullement, il ne les évoque que pour les lui opposer.

Ecartons une soi-disant infériorité qui permet, à un moment donné, le décuplement des forces ordinaires.

La femme possède en plus que l'homme le dévouement : au fur et à mesure qu'il grandit sa nature se met à l'unisson.

Il touche le summum chez la religieuse qui, à des fatigues constantes, joint les sévérités de la règle. L'amour de Dieu l'élève au-dessus des nécessités corporelles de même que l'amour de la créature transforme les autres. Et nous tardons à bien diriger de pareilles énergies !

Un paradoxe avance que les peuples gouvernés par les hommes jouissent d'un bonheur moindre que ceux où la loi salique n'est point en vigueur parce que dans les premiers les femmes conduisent les affaires, tandis que chez les autres le sexe fort garde la suprématie près des souveraines. Méfions-nous des influences occultes ; elles sont pernicieuses.

La femme doit jouer ouvertement son rôle. Elle y arrivera peu à peu : c'est œuvre de patience.

On aurait tort d'inférer des lignes qui précèdent des intentions subversives ou des tendances rétrogrades.

Nous nous sommes attaqué à l'instruction parce qu'elle n'enseigne rien : nous la voudrions simpliste afin de la rendre salutaire.

Il n'entre point dans nos idées d'entraver l'élégance indispensable — quand ce ne serait que pour rendre jolie la femme qui ne l'est pas.

Le luxe est utile à condition de rester l'apanage d'une minorité car les phrases égalitaires ne modifieront jamais la réalité. Toutes les femmes ne peuvent être nobles ou millionnaires pas plus que toutes ne sont belles.

D'un côté soutenir dignement sa situation, de l'autre acceptation de sa médiocrité : voilà le secret pacificateur.

Le plaisir, quoique pris différemment, existerait à n'importe quel étiage de la société, le jour où l'envie ne le gâterait plus.

Sous peine de devenir un instrument de décadence, il faut que la compagne de l'homme soit morale, éclairée, pratique.

Afin de réaliser cette haute conception sociale, nous nous permettons de conseiller ce modeste moyen :

Instruire chaque Française selon sa condition et replacer chacune à son rang.

DE RYONS.

LA BROUETTE DU VINAIGRIER,

DRAME EN TROIS ACTES;

Par M. MERCIER.

Prix, 30 sols.

A LONDRES;

Et se trouve à Paris,

Chez les Libraires, qui vendent les Nouveautés.

MDCCLXXV.

PREFACE.

C'EST une aventure affez connue, arrivée à Paris au commencement de ce fiécle qui a fourni le fujet de ce Drame. Le fait eft plaifant & fert à prouver que l'orgueil des rangs, fi haut, fi intraitable dans les difcours, fait s'humanifer à propos, & qu'il ne s'agit au fond que des conditions pécuniaires.

C'eft en même tems un exemple (quoiqu'en petit) de ce qui fe paffe tous les jours dans le monde : toutes ces plaintes fur de prétendues méfalliances font ordinairement le cri de la cupidité trompée. On unit pour toute la vie (au nom de l'argent) deux perfonnes, qui ne fe font jamais vues ; on fépare deux ames fenfibles, faites l'une pour l'autre, & le mariage, contrat & lien des cœurs, eft déshonoré par ce calcul intéreffé, qui femble éteindre les plaifirs de l'amour & vendre jufqu'aux chaftes baifers de l'innocence.

Voilà l'ouvrage des hommes. Ils s'uniffent ou fe méprifent, ils s'embraffent ou fe repouffent, ils fe flattent ou fe déchirent, à raifon d'un coffre fort vuide ou plein ; & ils accufent enfuite le plus augufte des nœuds, des malheurs qu'ils ont préparés eux-mêmes. Plus ou moins d'un métal jaune ou blanc établit des intervalles immenfes entre citoyens enfans de la même patrie & égaux par leur mutuelle dépendance, quand ils ne le feraient pas par la loi de nature !